★ Inhaltsverzeichnis

★ Einleitung

„Wir sind ja alle beseelt von der Begierde, glücklich zu leben."
[Cicero 106-43 v.Chr.]

Der Mathematiker John Horton Conway hat 1970 eine „Computersimulation" vorgestellt, welche er »Spiel des Lebens« nannte. Auf einem Spielfeld werden „Zellen" geboren und sterben. Dieses Spiel soll den Aufstieg und Zerfall sowie die Veränderung von Populationen »lebender Organismen« darstellen.

Es gibt eine „Geburtsregel", eine „Überlebensregel" und eine „Sterberegel".

Schaut man sich das Programm auf dem Smartphone oder auf dem Computer an, so kann man schöne Figuren betrachten, welche sich laufend verändern.

Das „Game of Life" hat viele „Hobbyprogrammierer" in den 1980-er Jahren des vorigen Jahrhunderts beschäftigt. Es hat auch seine Bedeutung in der Informatik und Mathematik.

Welche Bedeutung hat aber die Geburt, das Leben und das Sterben wirklich? Was ist wichtig?

Der Autor dieser Zeilen liebt Experimente und ganz besonders natürlich Gedankenexperimente. Aus Verantwortungsbewusstsein muss er über »Xggreedy-die fantastische Wunderwelt« im ersten Teil dieses Buches berichten. Damit jeder der von dieser geheimnisvollen Welt erfährt, in Hinkunft gewarnt sei, und nicht etwa Schaden an Leib und Leben erleidet.

Der zweite Teil des Buches gibt einen kurzen Einblick in kleine und große Dimensionen. Zitate und geflügelte Worte erfreuen das Herz und den Verstand, der letzte Abschnitt dieser „Gedankenreise" befasst sich mit diesem Thema.

Gerald Arnold Wartensteiner

Es gibt kein Wunder für den, der sich nicht wundern kann.

Marie Freifrau von Ebner-Eschenbach
(1830- 1916),Novellistin und Aphoristikerin

★ Xggreedy-Fantastische Wunderwelt

◆ Was ist Xggreedy?

Computer sind einfach überall gegenwärtig. Sie schaffen Arbeit und sind nützliche Helfer im Alltag. Doch die Entdeckung, welche ich kürzlich auf meinen Computer machte, sprengt jede Vorstellungskraft. Bei der Betrachtung des Bildschirmes fielen mir eigenartige Gebilde auf. Zuerst dachte ich, es handelt sich um eine Art Computervirus, doch bei näherer Betrachtung musste ich feststellen, das sich da eine Menge „kreisrunder Wesen" auf meinem Bildschirm tummelte und das auf schwarzem Hintergrund. Die erste Frage war natürlich, wie kann das sein? Sind diese Wesen hinter oder vor dem Bildschirm? Da mein Bildschirm schon etwas angestaubt ist, dachte ich vorerst daran, das diese Kreaturen ja eventuell aus „Staub" sind. Im Staub sind ja alle Substanzen für „Leben" vorhanden. Aber sogleich verwarf ich diese doch etwas kühne Theorie wieder. Wer bringt das zustande? Die besten Wissenschaftler haben ja noch nie „richtiges organisches Leben" im Labor geschaffen. Also müssen diese „Wesen" hinter dem Bildschirm sein. Meine Verdacht bestätigte sich bald darauf, als sich ein Bildschirmformular öffnete und mir Einblick in diese wundersame Welt gab.
„Willkommen auf dem Archipel Xggreedy" stand da geschrieben. Alsbald bot sich mir ein ungewöhnlicher Anblick. Fünf quadratische Inselgruppen in verschiedener Größe bilden diesen Archipel. Dazwischen ist kein Wasser, sondern ein unbeschreibliches „Nichts". Die Inselgruppen sind „wüst und leer". Vollkommen eben und „schwarz" erstreckt sich die Bodenfläche nach allen Richtungen. Kein Baum, kein Strauch, keine grüne Wiese nur schwarzer Untergrund. Vermutlich schwarzer Sand, wie er auf Hawaii oder in Neuseeland zu finden ist, dachte ich vorerst. Ob diese „schwarze Ebene" etwa gar durch Raubbau an der Natur entstanden ist konnte ich nicht ergründen. Von oben betrachtet konnte ich nur die Umrisse der auf den Inseln vorhanden Wesen erkennen. Solche Lebensformen hatte ich noch nie gesehen. Oberflächlich betrachtet sind die Bewohner rund wie ein Kreis. Auch gibt es davon verschiedene Arten, wie ich feststellen konnte. Fünf verschiedene Farben sind vorhanden und aller Bewohner bewegen sich in vollkommer Ordnung. Sie kommen und gehen. Ihre Lebensdauer ist unwahrscheinlich kurz. Sie sind vermutlich kurz an „Tagen" und mit Unruhe gesättigt, dachte ich. Diese unruhigen Wesen werden „Greedys" genannt, wie ich noch herausfinden sollte. Damit sich der Leser eine Vorstellung von der Inselgruppe machen kann, ist auf der nächsten Seite ein skizzenhaftes Bild dieser geheimnisvollen Welt dargestellt.

◆ Ein Ausschnitt der Inselwelt

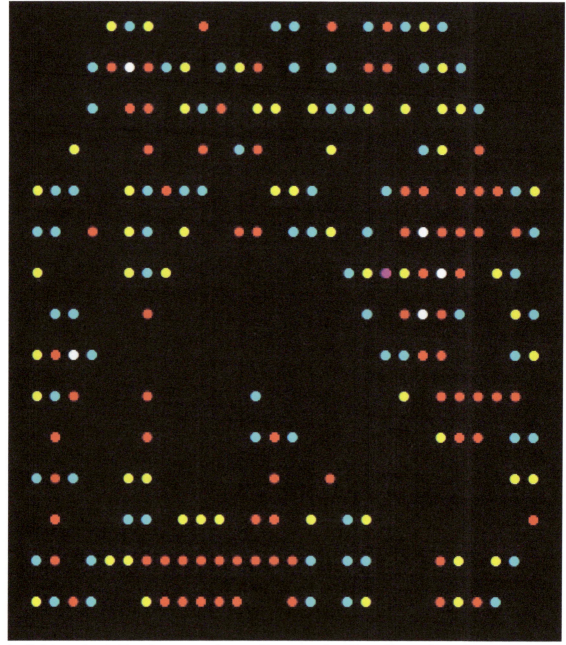

Die färbigen kreisförmiger Bewohner -die „Greedys" bevölkern die schwarze Inselwelt.

◆ Merkwürdige Eigenschaften

Fünf verschiedene Bevölkerungsgruppen bewohnen die Inseln. Sie unterscheiden sich untereinander hinsichtlich Farbe und Wesensart. Doch eine sonderbare Eigenschaft einer Bevölkerungsgruppe möchte ich kurz vorstellen, weil diese „Eigenart" für viele Bewohner schon schädliche Auswirkungen gezeigt hat, so ist es hier doch notwendig, eine „Warnung" auszusprechen.

Das betrifft vornehmlich das Volk der „Edaax", welches auch auf allen Inseln vertreten ist und mit dieser „Eigenart" schon viele Lebewesen geschädigt hat.

Ein Edaax hat kürzlich öffentlich bekannt :

„Es gibt nichts »Besseres« als die Habgier. Ich stelle sogar die fest, dass diese für das Wohlbefinden notwendig ist. Alle sollen habgierig sein und sich dabei sehr gut fühlen. Auch Geiz und Neid sind vorzüglich. Täglich sollen diese guten Eigenschaften zur Selbsterbauung und zum eigenen Nutzen angewandt werden. Nicht zu verachten ist natürlich die „Eifersucht" welche in Verbindung mit großem Egoismus äußerst profitabel ist. Gier ist wunderbar sie erfreut das Herz und stärkt das Gemüt, sie verhilft zu langem Leben und bereichert großartig. Es entsteht ein großer Gewinn daraus. Unersättlich und unermüdlich soll Ausbeutung und Habgier das Wichtigste im Leben sein. Ich trete dafür ein, dass dies überall gelehrt und verkündigt wird".

Die Rede des „Edaax" wurde vom Großteil der Bevölkerung mit gewaltiger Begeisterung aufgenommen und die Mehrzahl der Bewohner hat sich den weisen Worten mit lautem Jubel und unerhörten Freudenkundgebungen angeschlossen. Wie man sieht, ist Tollheit in ihrem Herzen und sie haben keinen Verstand und das vermutlich ein ganzes Leben lang.

◆ Die fünf Arten von Lebewesen auf Xggreedy

Es gibt die »Edaax« die mit äußerster Vorsicht zu behandeln sind. Weiters die Faeex und die Obbex und die Masstix und die Balluux. Das „x" am Ende des Wortes haben diese Bevölkerungsgruppen mit dem Archipel „Xggreedy" gemeinsam. In der Mathematik steht das „x" für eine Unbekannte in der Gleichung. Doch im Gegensatz zur Mathematik sind diese Lebewesen ganz und gar nicht berechenbar. Rastlos und ruhelos ist ihr Treiben Tag für Tag.

Diese ungewöhnlichen Greedys bestehen aus 4 Eigenschaften, welche innerhalb derselben Bevölkerungsgruppe unterschiedlich sein können. Um „gut und böse" unterscheiden zu können, haben die „Greedys" auch ein spezielles „Gewissen" welches wie ein „endlicher Automat" funktioniert-doch davon später. Auch Wille und Verstand und Emotionen sind im Ansatz vorhanden. Der Körper dieser Wesen besteht je nach Eigenschaft aus edlen Materialien wie Gold, Silber, oder Diamant. Nicht vorenthalten möchte ich dem werten Leser das „Aussehen" der einzelnen „Greedys". Auf den nächsten Seiten werden diese einzeln vorgestellt. Beginnen möchte ich mit einem Edaax. Blutrot, rund und ausgestattet mit negativen Emotionen lauert er. Dornen, Unkraut, Holz und Erde sind die Bestandteile seines „wertlosen organischen Aufbaues" und rings um ihn her ist Schrecken.

EDAAX

○ Die „Edaax"

Wer möchte je so einer schrecklichen Kreatur aus dem Volk der Edaax begegnen. Grausam, verlogen, dekadent und eingebildet ist ihr Wesen. Das Gewissen ist verdorben, der Wille und der Verstand tendiert zum „Bösen". Zusätzlich sind sie getrieben von schlechten Emotionen. Der gute Einfluss der Umwelt konnte sie nicht ändern. Ihr Mund ist ein offenes Grab mit ihren Zungen handeln sie trügerisch. Die negativen Zahlen auf der Abbildung geben den Grad ihrer „Schlechtigkeit" an. Von diesem Volk ist keiner da, der verständig ist, auch nicht einer, alle zusammen taugen nichts. Die Bezeichnung Edaax kommt aus dem Lateinischen. Nagend, verzehrend, vernichtend und gefräßig ist die deutsche Übersetzung. Das zusätzliche „a" wurde hinzugefügt, weil Worte nicht ausreichen, um den grausamen Zustand dieser Wesen zu beschreiben. Wohl dem, der nie so Edaax trifft, allein die Begegnung mit ihm ist eine schmerzhafte Erfahrung, die man gerne vergessen möchte.

FAEEX

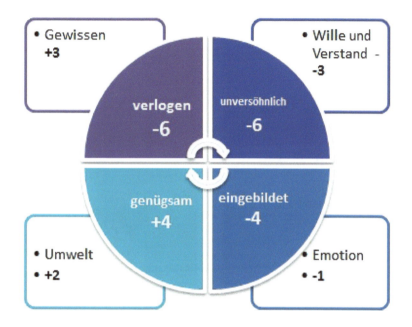

○ Die „Faeex"

Nicht viel besser als die Edaax sind die Faeex. Ein typischer Vertreter dieses Volkes ist hier abgebildet. Verlogen, unversöhnlich und eingebildet. Das Gewissen ist doch noch etwas vorhanden und seine Umwelt hat einen guten „Einfluss" auf ihn ausgeübt. Doch der Wille und Verstand neigt zum Bösen. Auch leidet er an negativen Emotionen, welche er frei auslebt. Wahrlich kein erfreulicher Anblick. Den Weg des Friedens kennt er nicht, Verwüstung und Elend ist auf seinem Weg zu finden. Niemand ist so tollkühn, dass er ihn reizen möchte.
Stroh und Unkraut, Erde und Bronze sind die Bestandteile seines wertlosen Rundkörpers.

OBBEX

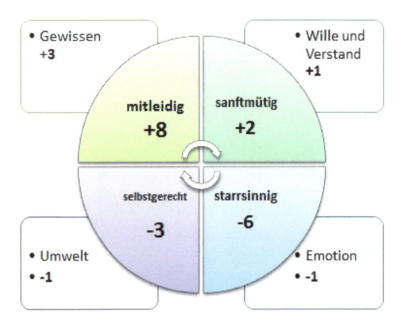

○ Die „Obbex"

Zerrissen ist ihr Sinn und Wesen, sie hinken auf beiden Seiten. Mitleidig und sanftmütig ist dieser typischer Vertreter der „Obbex". Doch auch „starrsinnig" und selbstgerecht.

Das Gewissen ist noch vorhanden und meldet sich ab und zu, auch der Wille und Verstand neigt zum „Guten". Obex kommt aus der lateinischen Sprache und bedeutet Querbalken oder Wall. Bezeichnend für dieses Volk ist, das sie zwei gespalten sind. Ein Querbalken ist in ihrem Herzen. Sie sind weder kalt noch heiß, also lau.

Auch neigen sie durch ihre selbstgerechte Art zum „Richten". Sie sind selbstgerechte Heuchler und ihr „Balken im Auge" hindert sie an der klaren Sichtweise. Unverlässlich in ihren Entscheidungen sind sie einmal so, dann wieder so. Man weiß eigentlich nicht so recht woran man mit ihnen ist. Der Körper besteht aus Gold, welches für das mitleidige Wesen steht und aus Jade, welche die Sanftmut auszeichnet. Kies und Schlick stehen für die „Starrsinnigkeit" und selbstgerechte Art dieser Greedyart.

MASSTIX

○ Die Masstix

Treu, gütig und entsagungsvoll so ist dieser fast perfekte Vertreter der „Masstix". Leider
hat ihn doch die Umwelt negativ geprägt. Auf ganz Xggreedy gibt es keinen so schönen Masstix.
Er wird bewundert von „Allen" und er leidet an totaler „Selbstüberschätzung" und er hat eine
schöne Fassade. Eben ein perfekter „Absalom". Der Wille und Verstand kann das nicht verkraften,
daher sind Masstix auch sehr stolz. „Schau ist das nicht eine schöne Höhle? "Welche ich zu meiner
Ehre und Herrlichkeit für ewig erbaut habe". Vorräte und Gold habe ich auch reichlich gesammelt,
nun kann ich in Ruhe und Frieden und völliger „Sorglosigkeit" existieren.
Ihr „edler Rundkörper" besteht aus Karneol, Platin und Granat. Doch der „Lehm" der Sorglosigkeit
und Selbstüberschätzung verdirbt auch diesen Masstix.

BALLUUX

○ Die Balluux

Liebevoll, selbstlos, aufopfernd und diszipliniert ist dieser typische Vertreter des Volkes der Balluux. Dieses „Edelwesen" besteht aus Silber und Pyrit sowie Smaragd und Rhodium. Und doch kann sich sein „Herz" überheben und Missetat an ihm gefunden werden.

Bei so viel „Schönheit" lauert ein ungeordnetes Streben nach eigenem „Herausragen" im Hintergrund. Einzig allein die Emotion ist negativ mit -3 bewertet.

Doch hier wartet schon der Stolz und Hochmut auf seine Gelegenheit. Wo Hochmut ist, da ist auch Schande.

★ Das Gewissen der Xggreedys

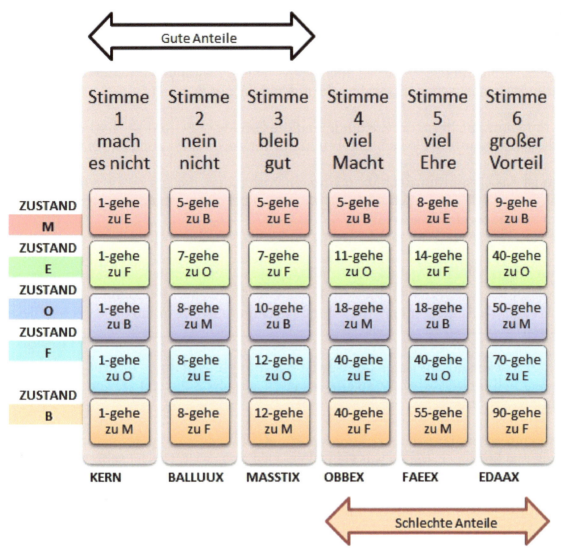

	Stimme 1 mach es nicht	Stimme 2 nein nicht	Stimme 3 bleib gut	Stimme 4 viel Macht	Stimme 5 viel Ehre	Stimme 6 großer Vorteil
ZUSTAND M	1-gehe zu E	5-gehe zu B	5-gehe zu E	5-gehe zu B	8-gehe zu E	9-gehe zu B
ZUSTAND E	1-gehe zu F	7-gehe zu O	7-gehe zu F	11-gehe zu O	14-gehe zu F	40-gehe zu O
ZUSTAND O	1-gehe zu B	8-gehe zu M	10-gehe zu B	18-gehe zu M	18-gehe zu B	50-gehe zu M
ZUSTAND F	1-gehe zu O	8-gehe zu E	12-gehe zu O	40-gehe zu E	40-gehe zu O	70-gehe zu E
ZUSTAND B	1-gehe zu M	8-gehe zu F	12-gehe zu M	40-gehe zu F	55-gehe zu M	90-gehe zu F
	KERN	BALLUUX	MASSTIX	OBBEX	FAEEX	EDAAX

Gute Anteile

Schlechte Anteile

Das Schaubild stellt den „Bauplan" des Gewissen der Greedys dar. Es besteht aus 5 Bevölkerungs-gruppen und dem „Kern". Da jedes Volk typische „Gewissensmerkmale" aufweist, wurde es in strenger Ordnung aufgelistet. Die Zahlen in den Kästchen geben den Grad der „Schuld"an. Sieht man in der letzten Spalte nach, welche den „Edaax" und der Stimme 6 zugewiesen ist, so kann man im orange gefärbten Kästchen (1. Zeile von unten ganz rechts) die Zahl 90 lesen. Die 90 steht für ei-ne hohe Schuld und somit für eine große Belastung des Gewissens.

Wie man dem Bauplan des Gewissens entnehmen kann, wirken auf das Gewissen 6 Stimmen ein. Diese 6 Stimmen sind immer dann höchst aktiv, wenn es um Taten und Entscheidungen geht, welche schlecht und verboten und auch zerstörerisch sind. „Mach es nicht", mahnt die erste Stimme.„Dadurch kannst du einen großen Vorteil erreichen, im Übrigen sieht es keiner" flüstert die Stimme Nummer 6. Nun kann das Gewissen auch verschiedene Zustände annehmen. Das Gewissen dieser sonderbaren Wesen ist schon eine sehr schwankende Angelegenheit.

Die Stimmen mahnen und flüstern, die Zustände und die Größe der Schuld wechseln einander ab. Dazu kommen die Überlegungen, die sich untereinander verklagen oder auch entschuldigen.

In dem Gewissen ist das Gespür für Recht und Unrecht vorhanden, das bei Zuwiderhandeln ein Schuldgefühl produziert. Dieses Schuldgefühl wird eben bei diesen sonderbaren Wesen in Form von Zahlen ausgedrückt. Dieses Warnsystem tritt in Aktion, indem es große Zahlen erzeugt, falls die Gesetze bewusst missachtet werden oder ein Verstoß vorliegt.

Bei kleineren kaum merklichen Vergehen wie zum Beispiel bei »absichtlichem Zurückhalten von Informationen, damit die Angelegenheit im besten Licht erscheint« werden kleine Zahlen im Gewissen erzeugt. Weil ja die Angelegenheit auch nicht so schlimm ist, kann man ja da ruhig diese Stimmen überhören.

Wiederholtes Unterdrücken der Stimmen des Gewissens stumpft es ab und verdirbt es, sodass es schlussendlich zerstört wird. Ist so ein Gewissen zerstört, schweigt es, und die mahnenden Stimmen verstummen.

Von den Edaax hat ein Exemplar von 25 kein Gewissen, es fehlt vollständig. Keine Empathie, kein Mitleid, kaltherzig machen diese Wesen was sie wollen, egal was es ist. Das ist schrecklich und kaum vorstellbar. Auch fehlt ihnen jedes Verantwortungsgefühl. Lügen gehört zum Lebensstil.

Das Gewissen der Greedys wird von den „Anderen" beeinflusst. So haben die Balluux eher niedrige „Schuldzahlen" im Gewissen diese reichen von 5 bis 12. Das Volk der Feex hingegen haben Schuldzahlen, welche sich zwischen 8 und 55 bewegen. Da alle gemeinsam auf dem Archipel existieren, beeinflussen sie sich gegenseitig sowohl zum „Guten" als auch zum „Bösen"

Die Funktionsweise des Gewissens ist dem nachfolgendem Ablaufplan zu entnehmen, dieser ist eigentlich selbsterklärend. Mit diesen Informationen ausgestattet können die Gewissenspunkte genau berechnet werden und der Grad der Schuld jedes Wesens in Zahlen ausgedrückt werden.

⇒ Wie funktioniert das Gewissen?

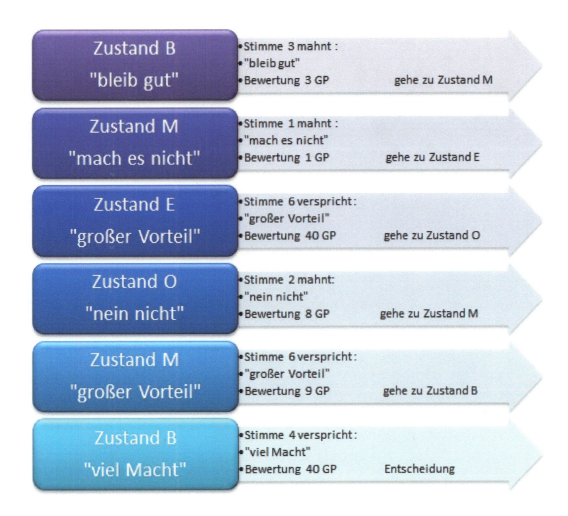

Ja, das bloße Lesen ohne Nachdenken hilft nichts.
[Nach Abraham A Santa Clara (1644-1709)]

★ Geburt und Entscheidung auf ex nihilo-der Insel des „Nichts"

Eine besondere Insel bildet gemeinsam mit den 5 Hauptinseln den Xggreedy-Archipel, das ist die Insel des „Nichts". Auf dieser Insel werden die „Greedys" aus dem „Nichts" geboren bevor sie ihr kurzes unruhiges Leben auf den schwarzen Hauptinseln des Archipels antreten. Jeder dieser Greedys bekommt als Lebensgrundlage 4 Eigenschaften, einen Rundkörper, ein Gewissen, Emotionen und Verstand mit Wille zugeteilt. Mit Erstaunen musste ich feststellen, dass diese Wesen ja vollständig unvollkommen sind. Was kann so ein kleines Wesen mit nur 4 Eigenschaften und einer „Größe" von 2 mm schon ausrichten. Auf ex nihilo wird jeder Greedy sofort nach der Geburt vor eine Entscheidung gestellt, welche seine Lebensdauer beeinflussen wird. Doch davon später.

○ Wie entscheidet sich der Edaax?

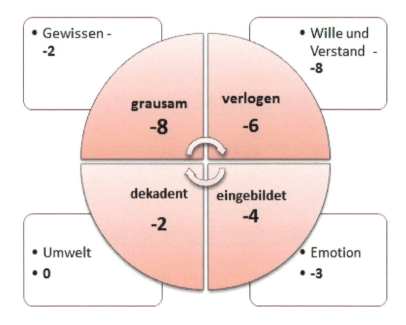

Wie wird sich dieses „Prachtexemplar" der Gattung Edaax bei wichtigen Fragen entscheiden? Die Antwort darauf ist im „rechnenden Raum" zu finden.

❑ **Der rechnende befragende Raum**

Inmitten der Insel des „Nichts" existiert der rechnende Raum. Alle Greedys werden dort einer „Befragung" unterzogen und können Entscheidungen treffen. Sieben Faktoren werden zur rechnerischen Befragung herangezogen. Doch als letzte Instanz entscheidet der Verstand und der Wille der Greedys über ihr weiteres Schicksal. Der rechnende Raum stellt 5 Fragen und die Greedys treffen ihre Entscheidung.

Abbildung-der rechnende Raum

```
*************************************************************************
 grausam| dekadent| eingebildet| verlogen|
                                                   Persönlichkeit
 Xgreedy Charaktereinheiten [-8]+[-2]+[-4]+[-6]      -20
 Der Emotionszustand ist |reizbar|                   -3
 Welt und Manipulator-Einfluss                        0
 Das Gewissen ist |verdorben|                        -2
 Der freie Wille und Verstand tendiert zum |Bösen|   -8
 -----------------------------------------------------------------
 Der Xgreedy wird als *Edaax* geboren-das sind-->    -33E
 -----------------------------------------------------------------
 Nun wähle deinen weiteren Weg du Xgreedy aus dem Volk der Edaax
 Deine Auswahlmöglichkeiten-1,2,3,4 oder 5-wie wird die Entscheidung sein?

                            Gewissen%    Lohn      GOLDlast
   1 Schwächlinge unterdrückt    70       700       49000
   2 Erste Hilfe geleistet        1      1800        1800
   3 Einem Ungeheuer geholfen     9       800        7200
   4 Kleine unterstützt          12       420        5040
   5 Gute Gedanken gedacht        7       331        2317

 Der Edaax hat sich so entschieden *Schwächlinge unterdrückt* Lohn= 49000 GL
 Der Xgreedy besteht aus: Dornen,Holz,Erde,Unkraut
```

Blau dargestellt ist das „Wesen" des Edaax, seine Persönlichkeit. Die Grünen Zahlen stehen für die „Gewissensschuld". Die Farbe Rot kennzeichnet den Einzellohn. Weiters gibt es die gelben Zahlen, welche die „Goldlast" definieren. Eigentlich sollte der Edaax dringend den Punkt 2 wählen und „erste Hilfe leisten". Doch was macht er? Er unterdrückt Schwächlinge. Warum? Weil offenbar eine große Goldlast von 49000 GL zu erreichen ist. Gierig wählt er das Maximum. Der freie Wille und der Verstand tendiert zum Bösen. Sein Gewissen ist verdorben und verstummt. Auch sein Emotionszustand ist äußerst reizbar. Unbelehrbar wählt er das Maximum und erhofft sich durch seine Tat großen Reichtum.

Wird er diesen Reichtum lange genießen können?

❑ Ein Edaax wird gewogen

Der rechnende Raum rechnet wie folgt: 70 Schuldpunkte mal 700,-=49000 Goldlast
Diesen Betrag erhält der Edaax sofort ausbezahlt. So eine „Freude" denkt der Edaax.

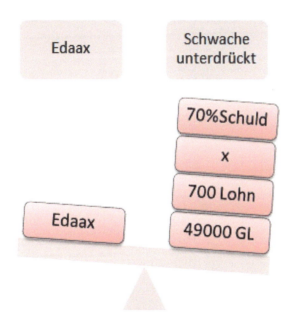

Der rechnende Raum rechnet weiter: 100.000 : 49.000 =2.04 Sekunden Lebenszeit

Unverzüglich erscheint er auf dem Archipel Xggreedy und existiert dort als roter Edaax.
Seine Lebenszeit beträgt dort exakt 2 Sekunden, danach wurde er nicht mehr gesehen und
sogleich vergessen. Er kam, sah, entschied und verschwand sogleich.

Welch törichte Entscheidung. Hätte er sich doch nur für Punkt 2 entschieden und erste
Hilfe geleistet, dann wäre seine Lebenszeit 56 Sekunden gewesen.

❑ Diplomatie ist immer gut

OBBEX

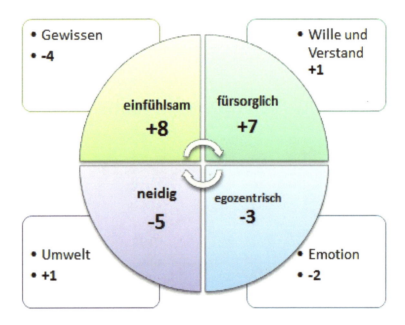

Dieser mittelprächtige Vertreter der Wesenseinheit Obbex ist sehr diplomatisch. Niemals eckt er irgendwo an und für alles hat er eine prächtige Geschichte parat. Einfühlsam und fürsorglich und auch etwas neidig und egozentrisch. Verstand hat er auch ein wenig und seine Umwelt kann ihn kaum beeinflussen. Das Gewissen ist nicht vorhanden, was aber bei soviel Mittelmäßigkeit eigentlich keine Rolle spielt da er sich alles von den „Anderen" abschaut.

❑ Ehrlichkeit-„komplett oder halb"

Ein guter Diplomat darf weder lügen noch betrügen, er sollte aber auch nicht alles sagen.
Was ist komplette Ehrlichkeit: Nicht lügen, immer die Wahrheit sagen, keine
Beschönigungen verwenden, alle Informationen bekannt geben. Da kann man viele „Freunde"
verlieren, man wird zu einer unangenehmen Person.
Leider hat unser „Obbex" auch große Existenzängste er denkt: "Was könnte nicht alles geschehen,
wenn ich die Wahrheit wähle, der Preis für die Wahrheit ist mir zu hoch"
„Wehrlose" will er nicht verteidigen(Punkt 5). Dafür schaut er weg und erzählt tolle Lügen. Sein
Gewissen ist „tot", obwohl er natürlich gute Absichten hat.

```
************************************************************************
egozentrisch| einfühlsam| fürsorglich| neidig|
                                              Persönlichkeit
Xgreedy Charaktereinheiten [-3]+[ 8]+[ 7]+[-5]     7
Der Emotionszustand ist |ungeduldig|             -2
Welt und Manipulator-Einfluss                     1
Das Gewissen ist |nicht vorhanden|               -4
Der freie Wille und Verstand tendiert zum |Guten| 1
------------------------------------------------------------
Der Xgreedy wird als *Obbex* geboren-das sind-->    3E
------------------------------------------------------------
Nun wähle deinen weiteren Weg du Xgreedy aus dem Volk der Obbex
Deine Auswahlmöglichkeiten-1,2,3,4 oder 5-wie wird die Entscheidung sein?

                        Gewissen%    Lohn      GOLDlast
  1 Das Lufttaxi entführt    38       270      10260
  2 Naive *Balluux* ausgenutzt 55    4900     269500
  3 Tolle Lügen erzählt      20      1000      20000
  4 Jemanden gefährlich bedroht 52   1750      91000
  5 Wehrlose verteidigt      14       650       9100

Das hat der Obbex getan *Tolle Lügen erzählt* Lohn= 20000 GL
Der Xgreedy besteht aus: Kaktus,Saphir,Rubin,Morast
```
Abbildung : Der rechnende Raum

❏ Notlügen natürlich 200 mal am Tag

Höfliche Notlügen, am besten 200 mal am Tag tragen dazu bei, dass wir diplomatischer miteinander umgehen.

❏ Digitalteilchen im „rechnenden Raum" berechnen die Wahrheit

Der rechnende Raum rechnet wie folgt: 20 Schuldpunkte mal 1000,-=20000 Goldlast
Diesen Betrag erhält der Obbex sofort ausbezahlt. Darüber freut er sich sehr.

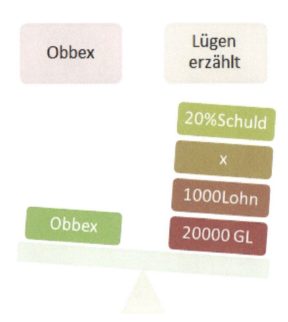

Der rechnende Raum rechnet weiter: 100.000 : 20.000 =5 Sekunden Lebenszeit

Unverzüglich erscheint er auf dem Archipel Xggreedy und existiert dort als gelber runder Obbex. Seine Lebenszeit beträgt dort exakt 5 Sekunden, danach wurde er nicht mehr gesehen und sogleich vergessen. Er kam, sah, entschied und verschwand sogleich.
Diese feige Entscheidung hat seine Lebenszeit halbiert. Hätte er „Wehrlose verteidigt" könnte er viel länger leben.

❏ Endlich fantastisch?

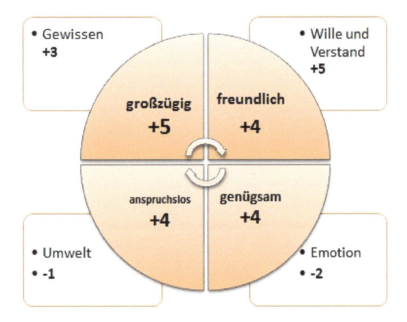

So einen „Balluux" möchte doch jeder zum Freund haben, großzügig und freundlich, dabei noch sehr genügsam und anspruchslos. Ausgerüstet ist er mit einem guten Gewissen und einem guten Willen und Verstand. Leider hat ihn die Umwelt etwas schlecht beeinflusst und er scheint auch negative Emotionen zu haben. Ansonsten perfekt, oder?

❑ Die Befragung des Balluux

```
*****************************************************************
großzügig| genügsam| anspruchslos| freundlich|
                                              Persönlichkeit
Xgreedy Charaktereinheiten [ 5]+[ 4]+[ 4]+[ 4]    17
Der Emotionszustand ist |ängstlich|              -2
Welt und Manipulator-Einfluss                    -1
Das Gewissen ist |gut|                            3
Der freie Wille und Verstand tendiert zum |Guten|  5
-----------------------------------------------------------
Der Xgreedy wird als *Balluux* geboren-das sind-->  22E
-----------------------------------------------------------
Nun wähle deinen weiteren Weg du Xgreedy aus dem Volk der Balluux
Deine Auswahlmöglichkeiten-1,2,3,4 oder 5-wie wird die Entscheidung sein?

                        Gewissen%    Lohn      GOLDlast
  1 Ungeheure Hilfe geleistet    4     600      2400
  2 Greedys bestohlen           80    1500    120000
  3 Das Greedyamt betrogen      52    3800    197600
  4 Drogen geschluckt           20    1800     36000
  5 Treuebruch begangen         18     550      9900

Das hat der Balluux gemacht *Ungeheure Hilfe geleistet* Lohn= 2400 GL
Der Xgreedy besteht aus: Platin,Bronze,Citrin,Onyx
```

Allen „Versuchungen" hat dieser vorbildliche Balluux widerstanden er hat ungeheure Hilfe geleistet. Leider ist er etwas „ängstlich". Aus Angst vor dem Gesetz hat er diese Wahl so getroffen. Doch zählt nur das Ergebnis? Oder auch die Motivation?

❑ Feigja-dem Tode geweiht

Es fehlt ihm an Mut und Tapferkeit, ängstlich schreckt er vor jeder Gefahr zurück. In der römischen
Armee wurden bei Feigheit ganze Truppenteile durch „Dezimation" bestraft. Jeder „Zehnte" wurde hingerichtet. Auch das Volk der Greedys verurteilt Feigheit in jeder Form daher sind „Ängstliche" und „Feige" dem Tod verfallen.

❑ Der befragende Raum rechnet

Der rechnende Raum rechnet wie folgt: 4 Schuldpunkte mal 600,-=2400 Goldlast
Diesen Betrag erhält der Balluux sofort ausbezahlt. Besser als nichts, denkt er.

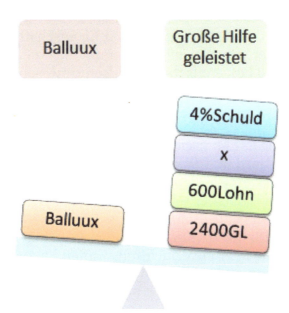

Der rechnende Raum rechnet weiter: 100.000 : 2400 =41.7 Sekunden Lebenszeit

Unverzüglich erscheint er auf dem Archipel Xggreedy und existiert dort als weißer Balluux.
Seine Lebenszeit beträgt dort exakt 41.7 Sekunden, danach wurde er nicht mehr gesehen und sogleich vergessen. Er kam, sah, entschied und verschwand nach rund 42 Sekunden.
Von allen befragten Greedys hat der „Balluux" am längsten existiert. Da könnte man ja denken Feigheit oder übertriebene Vorsicht verlängert die Existenzzeit.

★ Rückkehr in die „Realität"

Geburt und Leben, Entscheidung und Tod liegen oft eng nebeneinander. So schnell wie die Lebensform der Greedys auf meinem Computerschirm erschienen ist, so schnell verschwand sie auch wieder. Zu kurz war die Existenz dieser Wesen. Schwarzer Bildschirm, nichts geht mehr, aus und Ende.

Doch die Realität? Wie sieht die Realität aus?

○ Die „Greedybewohner" der Erde

Im Gegensatz zu den „Greedys" hat der Mensch nicht nur 4 Eigenschaften, welche seine Persönlichkeit ausmachen. Es gibt eine Internetseite, welche eine Sammlung von ungefähr 1700 Charaktereigenschaften auflistet. Ist der Mensch besser als diese „Bildschirmwesen"?

Die Wahrheit?

Eine böse Kreatur bewohnt die Erde der Mensch. Durch unzählige Kriege hat er sein zerstörerisches bösartiges Wesen bewiesen. Mord und Totschlag ist seine Devise. Diebstahl und Betrug folgen ihm. Gewinnsucht, Neid und Geiz erfüllen sein Herz. Voll Gier rafft er zusammen was er kriegen kann. Durch Raubbau vernichtet er seine Existenzgrundlagen. Die ganze Tier-und Pflanzenwelt ist durch den Menschen bedroht. Überall verbreitet er Angst und Schrecken. Voll von „Perversionen jeder Art" und mit Intelligenz und bösen Anlagen ausgestattet schreckt er nicht davor zurück ungeheuerliche Massenvernichtungswaffen herzustellen die den Untergang der ganzen Zivilisation bedeuten können. Anstatt sich zu ändern, sucht er den Ausweg in der Ferne. Die Menschheit soll sich auf anderen Planeten ansiedeln. Die Suche nach geeigneten Planeten ist bereits im Gang.

Aber das Gute ist ja auch im Menschen vorhanden. Es gibt Menschen, die sind sehr gut, fleißig gehen sie ihrer Arbeit nach und sie tun Gutes. Viele gute „Werke" haben sie schon vollbracht. Doch im Kern sind auch sie verdorben, aber leider können sie es nicht wahrnehmen.

Ich weiß nicht, wie ich der Welt erscheinen mag;
aber mir selbst komme ich nur wie ein Junge vor,
der am Strand spielt und sich damit vergnügt,
ein noch glatteres Kieselsteinchen oder eine noch
schönere Muschel als gewöhnlich zu finden,
während das große Meer der Wahrheit gänzlich
unerforscht vor mir liegt."
[Isaac Newton]

★ Ist das Universum ein „rechnender Raum"

Im Jahre 1941 baute der deutsche Computerpionier Konrad Zuse den ersten programmierbaren Computer der Welt. Der Name des Computers war Zuse Z3. Wenn man die Biografie dieses außergewöhnlichen Erfinders durchliest, entdeckt man Ideen, welche ihrer Zeit weit voraus waren.
Der Autor hat das Zuse-Computermuseum in Hoyerswerda besucht und die Rechenmaschinen und Computer besichtigt.

So stammt auch die Idee des „rechnenden Raumes" von Konrad Zuse.(1940)
„Es geschah bei dem Gedanken der Kausalität, dass mir plötzlich der Gedanke auftauchte, den Kosmos, als gigantische Rechenmaschine aufzufassen" (Konrad Zuse)

Das Universum und der uns umgebende Raum bestehen entsprechend dieser Idee aus einem engmaschigen Gitter. Das kann man sich so vorstellen, dass wir von einem unsichtbaren winzigen würfelförmigen Gitter umgeben sind. Entlang dieses Gitters bewegen sich sogenannte „Digitalteilchen" diese Teilchen tauschen untereinander Informationen aus. Sie können die Zustände plus, null und minus annehmen. Gerade wie in einem unvorstellbar großen Computer werden von diesen Teilchen Berechnungen durchgeführt. In der Neuzeit gibt es nunmehr auch den Begriff der „digitalen Physik" welche von der Idee des „rechnenden Raumes" beeinflusst ist.

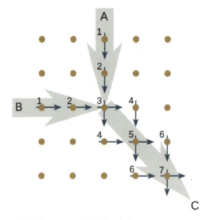

Abbildung-„Digitalteilchen"

Auf der Abbildung ist ersichtlich, wie aus den Teilchen A und B ein neues Teilchen entstehen könnte.
Mit erstaunlichem Erfindungsreichtum verfolgt der Mensch seine Ideen und versucht alles rational und logisch zu erklären und zu ergründen. Doch sind das nicht die wichtigsten Fragen im Leben: Woher komme ich, wohin gehe ich nach dem Tod, gibt es einen Gott?

Die absolute, wahre mathematische
Zeit verfließt gleichförmig und ohne Beziehung zu einem Gegenstand.
Sir Isaac Newton (1643 - 1727),
englischer Mathematiker, Physiker und Astronom

★ Überdimensional

★ Die wunderbare Welt

Nun wagen wir einen Blick in das Weltall. Wir reisen bis an das Ende unseres Sonnensystems. Weiter geht unsere Reise vorbei an Galaxien bis in uns unbekannte Welten. Wir betreten eine Welt, die noch kein Mensch gesehen hat. Außerhalb von Raum und Zeit existiert ein wunderbarer Ort, wo es keine Nacht gibt. Wir betreten ein Land mit immerwährendem Tageslicht. Das Land ist lichtdurchflutet wie klarer Kristall. Unermessliche Schönheit bietet sich unserem Auge dar.
Die Straßen sind dort aus reinem Gold und lichtdurchflutet wie aus durchsichtigem Glas. Perlen und Edelsteine sind das Baumaterial. Alle uns bekannten Gesetze der Physik existieren nicht mehr. Es gibt dort keine vergängliche Zeit, keine Sorgen, kein Leid, keine Krankheiten, keinen Tod. Ewiger Friede, ewige Freude, ewige Freundschaft und unbeschreibliches Glück erwarten uns. Probleme und Schmerzen gibt es nicht mehr. Geschätzter Leser gibt es so einen wunderbaren Ort? Wenn ja, wie kann man dahin gelangen?

Ich könnte stundenlang mich nachts in den gestirnten Himmel
vertiefen, weil mir diese Unendlichkeit fernher flammender Welten wie ein Band zwischen diesem und
dem künftigen Dasein erscheint.
Wilhelm Freiherr von Humboldt
(1767 - 1835)

★ Ein überdimensionaler Ort

◆ Wo ist August Hermann Francke?

Wer kennt heute noch **August Hermann Francke?**
Sein Werk die **„Franckeschen Stiftungen zu Halle"** sind noch immer präsent. Er lebte von 1663 bis 1727. Er erkennt bereits mit 24 Jahren das weder die Arbeit, noch der Beruf, sowie das Streben nach Geld, die Erfüllung des Lebens sind.

Da ein menschliches Leben unermesslich kurz ist, ein Bindestrich zwischen zwei Jahreszahlen,verwendet er alle seine Energie auf **die Armut** zu bekämpfen. Er gründet **Waisenhäuser** und Schulen und stellt der Jugend Ausbildungsplätze zur Verfügung.

Doch wo ist August Hermann Francke nun? Lebt er in höheren Dimensionen weiter? Gibt es einen Ort der „Himmel" oder „Paradies" genannt wird?
Dieser Frage bewegt den Autor.

Das war sein Bekenntnis und Grundlage seines Lebens [stark gekürzt] :

*„Ich erkenne mich für einen armen und elenden Wurm, der mit seinen Erb- und wirklichen Sünden Gottes Zorn und Ungnade, zeitlichen Tod und die ewige Verdammnis verdient habe. Der Sohn Gottes aber, Jesus Christus, hat sich selbst für mich gegeben und durch sein Blut mit seinem Vater versöhnet, daß mir Gott meine Sünde nicht zurechnet, mir aber zur Gerechtigkeit rechnet, daß ich gläube an den Namen seines eingeborenen Sohnes."
Durch solchen Glauben bin ich wahrhaftig gerechtfertigt. In solcher meiner Rechtfertigung habe ich Frieden gefunden mit Gott, bin ein Kind Gottes, tröste mich fröhlich seiner Gnade und weiß gewiß, daß ich den Tod nicht sehen noch schmecken werde, sondern daß ich das ewige Leben habe, und vom Tode zum Leben bin ich hindurchgedrungen.
Niemand kann seiner Länge eine Elle zusetzen, ob er gleich darum sorget.
Gottes Weg gehet aber anders.
Denn er macht zu nichts das, was etwas ist, damit er selbst alles in allem werde.
Und dieses alles ist in dem einen verfasset; wer an den Sohn glaubt, der hat das ewige Leben. Herr Jesu, dein guter Geist führe mich auf ebener Bahn.
August Hermann Francke" 1699*

Diese Lebensgrundlage aus dem Jahre 1699 ist auch heute noch aktuell, es mag altmodisch erscheinen, doch der Verfasser dieser Zeilen kann diesem Bekenntnis von Herzen zustimmen. **Nun weiß der Verfasser ganz sicher, so wie einst August Hermann Francke, das er nach dem Tode weiterleben wird. Warum?**

Ewiges Leben als Geschenk:

Das Glaubensbekenntnis von August Hermann Francke kann man ganz persönlich Wort für Wort nachbeten, in Anspruch nehmen und einfach „glauben". Diese Einladung Gottes richtet sich an „Freiwillige", sie ist ein Geschenk.

August Hermann Francke

Wo werden Sie geschätzter Leser in 150 Jahren sein?

★ Dimension des Schreckens

◆ Das schwarze Loch

Weiter geht unsere Reise in unermessliche Tiefen jenseits von Raum und Zeit. Bereits von weitem hören wir die entsetzlichen Schreie der bedauernswerten Menschen die an diesem grauenvollen Ort leben müssen. Ein gähnendes schwarzes Loch tut sich vor unseren Augen auf. Wir müssen uns hüten diesem Loch zu nahezukommen, damit wir nicht zerrissen werden. Warnt sie, warnt sie rufen die Stimmen, ewig müssen wir hier sein getrennt von unseren Lieben, ewige Finsternis Pein und Schrecken müssen wir erleiden. Verloren, verloren sind wir, auf ewig müssen wir hier sein.

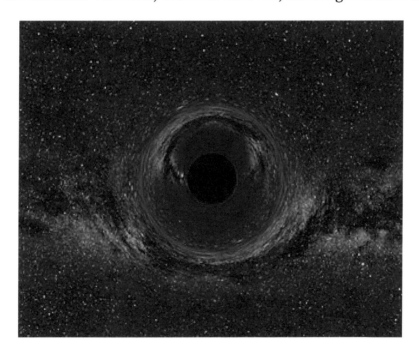

Wollen habe ich wohl, aber das Gute vollbringen kann ich nicht. Denn das Gute, das ich will, das tue ich nicht ; sondern das Böse, das ich nicht will, das tue ich. Wenn ich aber tue, was ich nicht will, so tue nicht ich es, sondern die Sünde, die in mir wohnt. Über das gilt es nachzudenken, jeder erforsche sein Herz. Ich elender Mensch! Wer wird mich erlösen von dem todverfallenen Leibe.

★ Es gibt Hoffnung

Eilig und traurig verlassen wir diesen Ort. Keine Minute länger wollen wir uns hier aufhalten. Mit äußerster Anstrengung gelingt es uns, zu entkommen. Da fällt es mir ein: Kein Mensch soll hinfort verloren sein und an diesen schrecklichen Ort kommen.

Hat nicht der gute, barmherzige, heilige und gerechte dreieinige Gott, welcher uns allzeit liebt, seinen Sohn gesandt, damit wir nicht verloren gehen. Durch seinen stellvertretenden Tod am Kreuz hat Jesus die Erlösung für unsere Sünden erwirkt.

Wenn wir unsere Sünden bekennen, ist er treu und gerecht, dass er uns die Sünden vergibt und uns reinigt von jeder Ungerechtigkeit. (Die Bibel: 1. Johannes 1,9)

Denn also hat Gott die Welt geliebt, daß er seinen eingeborenen Sohn gab, auf daß jeder, der an ihn glaubt, nicht verloren gehe, sondern ewiges Leben habe.
(Die Bibel: Johannes 3,16)

Ich bin die Auferstehung und das Leben; wer an mich glaubt, wird leben, auch wenn er gestorben ist"
(Die Bibel: Johannes 11,25)

Denn so du mit deinem Munde bekennst Jesum, daß er der HERR sei, und glaubst in deinem Herzen, daß ihn Gott von den Toten auferweckt hat, so wirst du gerettet werden.
(Die Bibel: Römer 10.9)

Platon ist mein Freund und Aristoteles auch,
meine liebste Freundin aber ist die Wahrheit.
Sir Isaac Newton (1643 - 1727), englischer Mathematiker, Physiker und Astronom

★ Schatzgräber in der Zitatenwelt

★ Gottfried Wilhelm von Leibniz

Gottfried Wilhelm Freiherr von Leibniz [1646 - 1716], bedeutender deutscher Mathematiker, Physiker, Philosoph, Sprachwissenschaftler und Historiker

Wir sind umso freier, je mehr wir der Vernunft gemäß handeln, und umso mehr geknechtet, je mehr wir uns von den Leidenschaften regieren lassen
[Gottfried Wilhelm Leibniz 1646-1716]

**Lieben heißt, unser Glück in das Glück eines
Anderen zu legen.**
[Gottfried Wilhelm Leibniz 1646-1716]

Das Übergewicht der Neigungen entschuldigt den Menschen nicht, daß er nicht Herr seiner selbst ist; er soll seine Kraft gebrauchen lernen, die in der Vernunft besteht.
[Gottfried Wilhelm Leibniz 1646-1716]

Ein Teil des Lebens geht zu Grunde, so oft eine Stunde verschleudert wird.
[Gottfried Wilhelm Leibniz 1646-1716]

◆ Sir Isaac Newton

**Was wir wissen, ist ein Tropfen, was wir nicht
wissen, ein Ozean.**
[Sir Isaac Newton 1643-1727]

**Für einen guten und edlen Menschen ist nicht nur die Liebe des Nächsten eine heilige
Pflicht,
sondern auch die Barmherzigkeit gegen
vernunftlose Geschöpfe.**
[Sir Isaac Newton 1643-1727]

Wer nur halb nachdenkt, der glaubt an keinen Gott, wer aber richtig nachdenkt, der muß an Gott glauben.
[Sir Isaac Newton 1643-1727]

**Ich habe in meinem Leben zwei wichtige Dinge gelernt: daß ich ein großer Sünder bin und daß
Christus ein noch größerer Retter ist.**
[Sir Isaac Newton 1643-1727]

Gegenüber jeder Aktion steht eine Reaktion.
[Sir Isaac Newton 1643-1727]

Ich kann die Bewegungen der Himmelskörper berechnen, aber nicht die Verrücktheit der Menschen.
[Sir Isaac Newton 1643-1727]

♦ **Augustinus Aurelius**

Über allem leuchtet die Liebe, die ewig bleibt.
[Augustinus Aurelius 354 - 430]

**Der dich gemacht hat, weiß auch,
was er mit dir machen soll.**
[Augustinus Aurelius 354 - 430]

Wer Gott sucht, der findet Freude.
[Augustinus Aurelius 354 - 430]

**Unsere Freude, unser Friede, unsere Ruhe, das
Ende all unserer Beschwerden ist nur Gott.
Glücklich, die zu ihm ihr Herz wenden!**
[Augustinus Aurelius 354 - 430]

Gott hat sein Ohr an deinem Herzen.
[Augustinus Aurelius 354 - 430]

◆ Johann Sebastian Bach

Johann Sebastian Bach (1685 - 1750), deutscher Komponist, Organist, Hofkapellmeister, Musikdirektor der Stadt Leipzig

Ich habe fleißig sein müssen. Wer ebenso fleißig ist, der wird es weit bringen können.
[Johann Sebastian Bach 1685-1750]

Was könnt uns Gott wohl Bessres schenken, als daß er unsrer Obrigkeit den Geist der Weisheit gibet, die zu jeder Zeit das Böse straft, das Gute liebet, ja, die bei Tag und Nacht für unsre Wohlfahrt wacht?
[Johann Sebastian Bach 1685-1750]

Bei einer andächtigen Musik ist allezeit Gott mit seiner Gnaden Gegenwart.
[Johann Sebastian Bach 1685-1750]

Alles, was man tun muß, ist, die richtige Taste zum richtigen Zeitpunkt zu treffen.
[Johann Sebastian Bach 1685-1750]

Wem die Kunst das Leben ist, dessen Leben ist eine große Kunst.
[Johann Sebastian Bach 1685-1750]

◆ Martin Luther

Worauf du nur dein Herz hängst und verlässest, das ist eigentlich dein Gott.
[Martin Luther 1483 - 1546]

Halt dich nur an Christum. Außer Christus gibt es keine Erkenntnis Gottes.
[Martin Luther 1483 - 1546]

Wer Christus hat, hat genug.
[Martin Luther 1483 - 1546]

**Ein Schluck Wasser oder Bier vertreibt den Durst,
ein Stück Brot den Hunger, Christus vertreibt den Tod.**
[Martin Luther 1483 - 1546]

**Christus will, daß alle Menschen selig werden, das ist, in welchem Stande sie auch
sind. Darum sehe ein jeder zu, wie er in das »alle« kommt.**
[Martin Luther 1483 - 1546]

Der Glaube ist der Anfang aller guten Werke.
[Martin Luther 1483 - 1546]

Allein der Glaube ist des Gewissens Friede.
[Martin Luther 1483 - 1546]

◆ Blaise Pascal

**Es ist aber das Herz, das Gott spürt, und nicht die Vernunft. Das aber ist der Glaube:
Gott im Herzen spüren und nicht in der Vernunft.**
[Blaise Pascal 1623 - 1662]

Gott begreift man nur mit dem Herzen, nicht mit dem Verstand.
[Blaise Pascal 1623 - 1662]

**Es ist Gottes Art, durch kleine Dinge große
Wirkungen hervorzurufen.**
[Blaise Pascal 1623 - 1662]

Ein Tropfen Liebe ist mehr als ein Ozean an Wille und Verstand.
[Blaise Pascal 1623 - 1662]

Entweder Gott ist, oder er ist nicht. Worauf wollen Sie setzen?
[Blaise Pascal 1623 - 1662]

**Der Glaube ist ein besserer Ratgeber als die
Vernunft. Die Vernunft hat Grenzen, der Glaube keine.**
[Blaise Pascal 1623 - 1662]

◆ Galileo Galilei

Und sie bewegt sich doch!
[Galileo Galilei 1564-1642]

**Wann werde ich zu staunen aufhören und zu
begreifen beginnen.
Was bin ich? Was ist der Mensch?
Was ist die Welt, in der ich lebe?**
[Galileo Galilei 1564-1642]

**Die Neugier steht immer an erster Stelle des
Problems, das gelöst werden will.**
[Galileo Galilei 1564-1642]

Zwei Wahrheiten können sich nie widersprechen.
[Galileo Galilei 1564-1642]

**Ich glaube nicht, daß derselbe Gott, der uns Sinne, Vernunft und Verstand gab,
uns ihren Gebrauch verbieten wollte.**
[Galileo Galilei 1564-1642]

Mathematik ist das Alphabet, mit dessen Hilfe Gott das Universum beschrieben hat.
[Galileo Galilei 1564-1642]

◆ Hans Christian Anderson

**Die Geschichte meines Lebens wird der Welt sagen, was sie mir sagt:
Es gibt einen liebevollen Gott, der alles zum Besten führt.**
[Hans Christian Andersen 1805-1875]

◆ Friedrich Arnold Brockhaus

**Alle Dinge, große, kleine, flüssig, trocken, weich und hart, Tiere, Pflanzen,
Holz und Steine zeigen Gottes Gegenwart.**
[Friedrich Arnold Brockhaus 1772-1823]

◆ Marie Curie

Man braucht nichts im Leben zu fürchten, man muss nur alles verstehen.
[Marie Curie 1867-1934]

◆ August Hermann Francke

Und was euch noch gefangen hält, o werft es von euch ab.
Begraben sei die ganze Welt für euch in Christi Grab.
[August Hermann Francke 1663-1727]

Vergesset was dahinter liegt und euren Weg beschwert.
Was ewig eurer Herz vergnügt, ist wohl des Opfers wert.
[August Hermann Francke 1663-1727]

Glaube wie ein Senfkorn gilt mehr als hundert
Säcke voll Gelehrsamkeit.
[August Hermann Francke 1663-1727]

◆ Henry Ford

Denken ist die schwerste Arbeit, die es gibt.
Das ist wahrscheinlich auch der Grund,
dass sich so
wenige Leute damit beschäftigen.
[Henry Ford 1863-1947]

Es gibt mehr Leute, die kapitulieren, als solche, die scheitern.
[Henry Ford 1863-1947]

Ich glaube, dass Gott die Dinge regelt und dass er dazu keinen Rat von mir braucht.
Mit Gott als
Manager bin ich überzeugt, dass sich alles zum Besten fügt.
Warum also sollte ich mir Sorgen machen?
[Henry Ford 1863-1947]

Suche nicht nach Fehlern. Suche nach Lösungen.
[Henry Ford 1863-1947]

Unsere Fehlschläge sind lehrreicher als unsere Erfolge.
[Henry Ford 1863-1947]

★ Aus Freude geschrieben-„der Mensch braucht Erlösung"

Nun ist diese „Gedankenreise" zu Ende. Die Zeit ist hektisch, der Mensch kommt kaum zur Ruhe, was fehlt ist Besinnung. Dieses kleine Büchlein wurde für die Augen, das Herz, den Verstand und die Seele geschrieben. Für die Augen sind die Naturfotos. Das Herz soll durch die Zitate angesprochen werden. Der schöpferische Verstand kann durch „Nachdenken" gefördert werden. Wie man Ruhe und Erlösung für seine Seele finden kann wird auf den Seiten 30,31,32 und 34 beschrieben.(Seite 31,32 Auszüge aus dem Buch „Zeuge des lebendigen Gottes" Seite 240-242)

◆ Der Mensch ist für die Freude geboren

Der Mensch ist für die Freude geboren
[Blaise Pascal 1623 - 1662]

★ Impressum

Impressum, Urheberrecht, Sorgfalt und Fehler

Autor:
Gerald Arnold Wartensteiner

★ Wie sind die Greedys entstanden?

Die Greedys und alle zugehörigen Bevölkerungsgruppen werden durch ein Computerprogramm des Autors generiert. Es ist ein mathematisches Modell. Das Programm stellt „Persönlichkeiten" zusammen. Die 4 Eigenschaften der „Greedys"werden zufällig generiert. Zu den Eigenschaften sind auch entsprechende Emotionen in der Datenbank hinterlegt. Das Gewissen und die Umwelt werden durch „endliche Automaten" simuliert.

Es können beliebig viele Persönlichkeiten sogenannte „Greedys"[Edaax, Balluux usw.] durch das Computerprogramm „erzeugt" werden. Intensives Nachdenken und Nachforschen sowie viele Programmänderungen waren hierfür notwendig. Diese Simulation ist trotzdem gänzlich unvollkommen und darf keinesfalls mit dem „wirklichen Leben" verwechselt werden.

Erschreckend war dabei die Erkenntnis, dass jeweils beim Hinzufügen von zwei weiteren schlechten Grundeigenschaften eine Verdoppelung der „Bosheit" dieser vom Computer „erzeugten" Wesen stattfindet. Die „Bosheit" nimmt exponentiell zu. Ob das in der „Realität" auch so ist, kann nicht gesagt werden. Bei einer Anzahl von 100 Computerwesen generiert das Programm beispielsweise: 12 Edaax, 32 Faeex, 25 Obbex, 21 Masstix, 10 Balluux.

Zeit ist sehr wertvoll.

Wo werden wir nach dem Tod sein? „Daheim beim Herrn im Himmel" oder für ewig verloren. Wie die „Greedys" in diesem Gleichnis muss auch der Mensch eine Entscheidung treffen.

Ich habe in meinem Leben zwei wichtige Dinge gelernt: daß ich ein großer Sünder bin und daß Christus ein noch größerer Retter ist.
[Sir Isaac Newton 1643-1727]

Soli Deo gloria

★ Abbildungen und Grafiken

Alle Fotos und Grafiken sind vom Autor mit folgenden Ausnahmen: Francke von E.Wartensteiner
Das Bild „Weltall" - Nr. 5752800 wurde von der Fa. Colourbox käuflich erworben.
Computerbild-„Das schwarze Loch" stammt von Wikipedia und darf lizenzfrei genutzt werden
Adresse oneline :https://de.wikipedia.org/wiki/Schwarzes_Loch
Abbildung „Digitalteilchen"-Digitale Physik ist von Wikipedia und ist „lizenzfrei"
Adresse oneline https://de.wikipedia.org/wiki/Digitale_Physik

Wohin führt der Lebensweg?